কবিতা সমগ্র

রঞ্জিত শর্মা

First Published in February 2022

ISBN: 978-93-5472-736-8

BLUEROSE PUBLISHERS

www.bluerosepublishers.com

info@bluerosepublishers.com

+91 8882 898 898

Cover Design:

Muskan Sachdeva

Typographic Design:

Pooja sharma

Distributed by: BlueRose, Amazon, Flipkart

অভিজ্ঞানঃ প্রবেশ ও প্রস্থান

হাতে খড়ি

অ বর্ণ তোমার অসীম
আ টি নীচে আমি
কোন খেয়ালের জ্বালানো দীপ
নেভাও এসে স্বামী

ই যে তোমার ইচ্ছা পরম
জীবন জীবন খেলা
ঈ'র খোঁজে তাই হন্যে হয়ে
কাটিয়ে দেব বেলা

অ বর্ণ তোমার অসীম
আ টি নীচে আমি
কোন খেয়ালের জ্বালানো দীপ
নেভাও এসে স্বামী

ই যে তোমার ইচ্ছা পরম
জীবন জীবন খেলা
ঈ'র খোঁজে তাই হন্যে হয়ে
কাটিয়ে দেব বেলা ।।

ঋণ

একটি গাছের মতই
তোমার মনুষ্যত্বের ছায়ায়
দিন দিন ঋণ বেড়ে যায়

দূর থেকে খড়কুটো বয়ে আনা পাখিটির মত
কত রাত কাটিয়েছ জেগে
নকশিকাঁথার শুধু শিল্পবোধ নয়
স্থির স্বপ্নের ভিতর যন্ত্রণার বিষদাঁত
বসিয়েছি কতবার
তবু নৈঃশব্দের ছয়মাস
মুখ বুজে হেঁটে গেছ তুমি

মাঝ রাতে মনে পড়ে
গাছের গভীরে তুমি গাছ হয়ে গেছ
ভূমিতলে আমি ঋণ ভার কাঁধে নিয়ে
ঝরা ফুল পড়ে আছি একা ।।

আমি

নিজেকে নিয়েই নিজের বেশী ভয়
সর্বক্ষণই নিজের থেকে
সরে থাকতে হয়
আয়নাতে মুখ হয়না দেখা
মুখোশ খুলে যাবে
দুঃখ যত অন্তরালে
বিস্ফোরিত হবে
নিজেকে নিজে যতক্ষণই
আড়াল করে রাখি
হয়না বাঁচা শুদ্ধতর
ফাঁকি শুধুই ফাঁকি ।।

ট্রেন আসছে দ্রুতগামী

তের নম্বর ডাউন তের নম্বর প্ল্যাটফর্মে আসছে
মহিলাকণ্ঠের ঘোষণা ভেসে এল কানে
ইস্টিশনের বুকে শুরু হয়েছে
মৃদু থেকে প্রলয়ংকর কম্পন
ট্রেন আসছে দ্রুতগামী উঠে পড়বো আমি
তারপর যাবো তো যাবোই

আমাকে ঘিরে যারা দাঁড়িয়ে ছিল
আত্মীয়স্বজন পড়শী বন্‌ধুবান্ধবী সকলকে বললাম
আসি গো হরিকাকা আসি গো খুড়িমা
ভাল থেকো সব কিন্‌তু
আহা কান্নার কিছু নেই ঘরকুনো ভাব
ভাল নয়
ট্রেন আসছে দ্রুতগামী উঠে পড়বো আমি
তারপর যাবো তো যাবোই

ট্রেনে উঠলেই ভুলে যাবো
বুড়োশিবতলায় নূপুর বোষ্টমীর কীর্তন
পুকুরঘাটের জলছোঁড়া খেলা
তাঁতীপাড়ার সেই ঘটাঘট ঘটাঘট
বুনন শিল্পের যুদ্ধ
ট্রেনে উঠলেই ওরা ফিসফাস প্রশ্ন করবে
ছোটবাবু গেলেন কোথা ?
ট্রেন আসছে দ্রুতগামী উঠে পড়বো আমি
তারপর যাবো তো যাবোই।

শুশুনিয়া

শীতের রাতে মনে হয়
শুশুনিয়া হিমালয়
বুকটা আমার ফুল্‌লে ওঠে গ—
জোছনা আমার হিমেল হয়
বুকের মধ্যে ভয় ভয়
আগুন এখন পায় কুথা গ—

চালা ঘরে চাল নায়, লেপ নায় তোষক নায়
নায় চোখে ঘুম নায় গ—
প্যাঁচার গানে রাত যায়
বুকটা দুঃখে পাথর হায়!
রাত পেরুলেই সূয্যি পাবো গ—
শীতের রাতে মনে হয়
শুশুনিয়া হিমালয়
বুকটা আমার ফুল্‌লে ওঠে গ—

ডানা

জীবন তোমার ডানায় নয়কো পাখি
তবুও ওড়ান মুক্তির স্বাদ আনে
মানচিত্রের বাইরের কোন দেশে
ফুলেরা যেথায় বসন্ত উল্লাসে
গাঢ় ক্লান্তির সীমানা পেরিয়ে দূরে
ডানা ঝাপটায় বাতাসের মৃদু টানে
শেষ ঘ্রাণটুকু রয়ে গেছে বাকি
ক্ষণ মরণের আগে
জীবন তোমার ডানায় নয়কো পাখি
তবুও ওড়ান মুক্তির স্বাদ আনে ।।

কোলকাতার টান

চার ক্লাসের ভূগোল বইয়ে
মাঝের একটি পাতা
উপুড় করা ছিল আমার
প্রেমের কোলকাতা
অদৃশ্য হোক সেই থেকে টান
ভীষণ ভীষণ
ঘর পালিয়ে হারিয়ে যাবো
ছেলেবেলার উপুড় হওয়া
শ্যামলা মেয়ের হাতটি ধরে
কোথায় পাবো একটুকু ঠাঁই
তিনি আমায় শাসিয়ে দিলেন যা-তা
বুকের মাঝে স্বপ্ন ভূগোল
প্রেমের কোলকাতা ।।

বৈদিক বাউল

জীবনের প্রতিটি ভোর আসে
যুদ্ধের প্রস্তুতি নিয়ে
দিবাকর, তোমাকে ভাববার সময় কোথায়
তোমারই নিঃসৃত উষ্ণতায় মোহময়
করে তুলি নিজেকে নিজে
কেবলই যুদ্ধ চাই
কংক্রীটের তপোবনে বৃথা খুঁজি শকুন্তলা
প্রিয় সমবেত জীবনবোধ

আমি সনাতন বৈদিক বাউল
ভোগের বিলাসী নই
পাখির বাঁধন-ছাড়া কৌশলীর
পদচিহ্ন ধরে ছায়ার পিছনে ছুটি
বঞ্চনার যত দেখা ছিল বাকী
পথে তার পেয়েছি দেখা
এখন রমণীয় আকিঞ্চনে নিত্য জাগে রাই

জরা ব্যাধি মৃত্যু জাগে কই ?
জীবনের প্রতিটি ভোর আসে
যুদ্ধের প্রস্‌তুতি নিয়ে
বৈদিক বাউল, তোমার আত্মারামে
যুদ্ধ জাগে কই ?

উর্বীর গ্রাম আমার জন্মভূমি

নাম জানি না, বল
আলের দুই প্রান্ত থেকে ধানের মাথা ঠোকাঠুকি
ছল জানি না, বল
মৌটুসী মন একটি হাঁটু কাদার ভিতর
ফর্সা পায়ের পাশুলি তোর লুকিয়ে আছে
শালুকবনের জল ছুঁয়েছে শব্দ যে তার
মাতাল মাতাল, মন
নাম জানি না, বল
খিদে পেলেই পেটটি পুরে তালবাগানের হাওয়া
দিঘির জলে বাগাল ছেলের হৈ টক-টক বিকেল
স্বামীর সঙ্গে মিলবি বলে হৃদয় খুলে বাঘকে ডাকিস
হঠাৎ যখন চোখ চলে যায় ভাসপক্ষীর দীঘল গলায়
লজ্জা পেয়ে একটি ছুটে উঠোন ডিঙ্গোস
ভিনপুকুরে হাঁস ফেরানোর আদুরে সব শব্দ শুনে
উর্বীর সেই গ্রামটি ঘিরে অন্ধকারের ঢল
নাম জানি না, বল ।।

জীবন

যখন আমি হাসতে থাকি
প্রকাশ্য রোদ্দুর
অন্ধকারে ভিতর ভাঙ্গে
হাসিতে কোন দূর

পুরুষ আমি স্পর্শকাতর
কাঁদতে জানি না
যখন আমি কাঁদতে থাকি
তখন কাঁদি না

কেউ ছুঁলে কেউ ভিতর ছুঁলে
শিউরে ওঠে গা
বাইরে থেকে আঘাত দিলে
পাথর নড়ে না

যখন আমি হাসতে থাকি তখন হাসি না।

মানুষের কিচ্ছু সয় না

মানুষের কিচ্ছু সয় না
না বিষয় না বিষ
খিদেয় চাল চিবোনোর জন্য
দাঁত শিরশির করে
উনুনে ভাত ফোটানোর তর সয় না
গ্রীষ্মে রোদ সয় না
বর্ষায় জল সয় না
মানুষের কিচ্ছু সয় না

নির্জনে নিঃসঙ্গতা
তুমি গেলে আমি সয় না
প্রাণ খুলে হাসবো যে ছাই
প্রাণে খিল আঁটা বেজায়
বন্ধ সয় না খোলা সয় না
কাঁদতে গেলে তেমনটি আর কাঁদা হয় না
মিষ্টি কথার ভিতর জিলিপির প্যাঁচ কষানো
কটু কথা
না আলো না অন্ধকার

দুঃখ বাড়ে যথা তথা, সুখ সয় না
ফুল লতাপাতা গাছ সয় না
জন্ম সয় না মৃত্যু সয় না
মানুষের কিচ্ছু সয় না

নিজেকে ছাড়া কাউকে সয় না
নিজেকেই নিজের সয় না
মানুষের কিচ্ছু সয় না ।।

ভাঙ্গলে ভাঙ্গো

সহজ সত্য হৃদয় আমার
ভাঙ্গতে হলে তাকেই ভাঙ্গো
প্রতত এক ছায়াবৃত দ্বীপের আশায়
নদী যেমন সংগোপনে পাথর ভাঙ্গে

এন্নি সবুজ দ্বীপের আশায়
দুহাত তুলে অবনত
ভাঙ্গার মত কী আছে আর
নদীর মত প্রবল টানে
তুমি আমার হৃদয় ভাঙ্গো ।।

মুখবন্ধ

সূর্য যখন শিশিরে ধুয়ে মুখ
পূব আকাশে মেঘেরা তোলে হায়
মধুমেহ সঙ্গে বয়ে নিয়ে
একলা আমি একাই হেঁটে যায়
পাখিরা কেউ দিল না তো সাড়া
রাত্রি জুড়ে শব্দ বাজির দূষণ
কাল নিবাসে পিপীলিকার
ডানায় ছিল ভূষণ
উত্তুরে হাওয়া নিরুদ্দেশে গ্যাছে
গাছেরা ঘুমিয়ে তখনও তোমার পাশে
পায়রা দুটো স্তম্ভিত দুই কোণে
আপন মনে বকম বকম গায়
মধুমেহ সঙ্গে বয়ে নিয়ে
একলা আমি একাই হেঁটে যায় ।।

কথার কথা

কথার হাটে চলছে ফেরী
কথার কেনা কাটা
মিষ্টি কটূ কিংবা পটু
কথার মত কথা
পায়রা ছানা বকম বকম
কোকিল ছানা কুহু
বাঘের হালুম আশৈশব
হাওয়ার কথা হু হু
কথার হাটে চলছে ফেরী
কথার কেনা কাটা
মিষ্টি কটূ কিংবা পটু
কথার মত কথা
এখন কথার দাম হয়েছে
প্রতিশ্রুতি নাম
কথার জালে ফাঁসলে কথা
কেবলই বদনাম
সামলে কথা বলতে হবে
ক্যামেরা উন্মুখ

দিন রাত্রি উলট পুরাণ
বিস্মৃত সেই যুগ
কথা সামলে বলো কথা সামলে বলো
নইলে কথার মাথায় পড়বে বাজ
নির্বাসনে থাকুক কথা
মানব ধর্ম কাজ
কাজের ফাঁকে চলছে ফেরী
কথার কেনা কাটা
মিষ্টি কটূ কিংবা পটু
কথার মত কথা
জীবন জুড়ে বিনম্রতা
কথারই বৈভব
গৃহস্থালী ভালবাসা
কথাই আমার সব ।।

কান মানে না মানা

কান মানে না মানা
হাওয়ায় ভেসে আজান আসে
ধর্ম কানের শোনা
কান মানে না মানা
ভোরের বাতাস উজান স্রোতে
একলা বাউল আনমনেতে
আত্মহারা প্রাণ
কৃষ্ণ প্রেমে একতারা তার
তীব্র প্রবল টান
কান মানে না মানা
ধর্ম কানের শোনা
রবিবারের ঘন্টা শুনি
প্রভুর নামে জয়ধ্বনি
আলোড়িত হৃদয় যেন
উড়ন্ত তার ডানা
কান মানে না মানা
হাওয়ায় ভেসে প্রেম যে আসে
ধর্ম কানের শোনা

কান মানে না মানা
এক আকাশের ছাদের পাশে
ভিন্ন স্বাদের পথ স্ববেশে
বাড়িয়ে দিচ্ছে হাত
হাওয়ার সিঁড়ি অভিজ্ঞানে
পথ খুলে দ্যায় আপন মনে
কান পাতলা বধির যত
ধুঁকছে বারো মাস
সব পথেরই পথের শেষে আছেন তিনি এক আবেশে
সর্বক্ষণ বাজছে মনে
শব্দ ব্রহ্ম নানা
ধর্ম কানের শোনা
কান মানে না মানা ।।

বৃষ্টি বিন্দু

মেঘ কালো বিকেল বেলা
নিরুত্তাপ
হাড়ে মজ্জায় প্রাচীন খেলা
টুপ টাপ
একটি দুটি খসছে পাতা
নগ্ন প্রায়
বৃক্ষ শরীর অন্তর্লীনে
বৃষ্টি বিন্দু
শিকড় নাড়ায়
জাগছে প্রাণ
জাগছে প্রাচীন প্রাণের খেলা ।।

বন মউলের পদাবলী

কুঞ্জ ভেদে টলে পা মউলে আচ্ছন্ন
কৃষ্ণ বর্ণ তাতে কি হৃদয়ে সম্পন্ন
মৌলি বিপাকে পড়ে ঘুরপাক খায়
পলাশবনীতে কানু বংশী বাজায়
শত শত হৃদপুঞ্জে প্রেম হাবুডুবু
পলাশে আগুন বউ রাধামতি কাবু
নীলাচলে লীলা চলে উন্মাদ মৃদঙ্গ
কুঞ্জ ভেদে টলে পা মউলে আচ্ছন্ন ।।

বাংলা প্রিয় ঠিকানা

বাংলা নাম বাংলা ধাম বাংলা জীবন স্মৃতি
বাংলায় প্রিয় ঠিকানা আমার বাংলা মায়ের প্রীতি
রাঢ় বাংলার রামকিঙ্কর গৌঢ় বাংলার গড়
বিষ্ণুপুরের মতিচুরে ছিল না আপন পর
বাংলা আমার উদাস বাউল চটকা ভাটিয়ালী
বাংলা কবির 'গাঁয়ের বধূ' সুগন্ধি পৌষালি
বাংলা আমার স্বপ্নপুরন বাংলা বাঁচার রীতি
বাংলার সুখ বাংলার দুখ কাব্য রম্যগীতি
বাংলায় প্রিয় ঠিকানা আমার বাংলা মায়ের প্রীতি ।।

চাঁদপাল ফেরিঘাটে

তিনটি মুখ
ছোট, বড়, মেজ
চাঁদপালের লঞ্চ ছাড়লে
ঢোলক বাজায় সেজ
ভাতের খোঁজে নিত্য চলে
বাজীগরের ফেরী
ছোট্ট যেটা দুধের শিশু
পায়েতে তার বেড়ী
গঙ্গাবক্ষে হিমেল হাওয়া
মায়ের বুকে রুক্ষ মায়া
তবুও জীবন অর্থবহ
নয়কো মাধুকরী
কেউ কেউ অনুগ্রহে কেউ বা ভালোবেসে
পয়সা খোঁজে পাত্রখানি জীর্ণ আবেশে ।।

আগুন্তুক

বলিষ্ঠ স্বরক্ষেপ অঙ্গভঙ্গি অবিকল আগের মতো
ঠোঁটের হাসি থেকে বোঝা যায় সেই পরিচিত
মুখ দুর্মুখ বাতাসের টানে যে ছিল আড়ালে
কি ভাবে পুড়ল কপাল, কিভাবে পোড়ালে
কপালে সিঁদুর ছাড়া জৌলুস অবিকল আগের মতো
তিন দশকের ছোট্ট পানসী বুক ভরা ঢেউ ধকল
বাঁচার জন্য বাঁচতে চাওয়া জীবন অর্থে বিকল
তাই আগুন্‌তুক নামগোত্রহীন এক পরিচয়
ভিন্ন অবয়বে যায়-আসে , কালচক্রে বারে বারে
পড়ে থাকে মাটির স্বাদ, জীর্ণ আবাস, অমৃতপ্রেম
অবিকল আগের মতো ।।

এক পা আগে

চোখের আড়ালে বাড়ছে বলেই
আগাছা যেন চক্ষুশূল
পরিণত গাছ শুধু ভেবে মরে
পরগাছা রূপে যদি পাছে ধরে
না জানি কি ভাবে নিবে উসুল ।।

নিগুড় তত্ব মাটির গভীরে
স্বত্বা বাঁচার তারও থেকে দূরে
নির্বাক ভূমি বৃষ্টি মুখর আলোপাখি গান গায়
এক পা আগে বাড়ালেই নাকি
সোরগোল যায় যায় ।।

দু পা করে পিছুতে পিছুতে
ওদের পিঠ তো দেয়ালে
পরিণত গাছ উঁকি মেরে দেখে
সীমাহীন ভার তার গায়ে ঠেকে
মৃত্যুর স্বাদ জীবনের মতো
যখনই নিজেকে হারালে ।।

ভাদ্র মাসের ফল

পড়ার ঘরে শব্দ হলেই দুচোখ বেয়ে জল
পিঠে তখন পড়তো কেবল ভাদ্র মাসের ফল
বাকিরা সব অন্য ঘরে যারা
ভাদ্র মাসের কুকুর যেন করেছে পিছে তাড়া ।।

ঠাকুমার সাথে হাটের পথে যখন পা পড়েছে বেচাল
কথার ঝুলি থেকে তখন বেরিয়ে পড়তো বেড়াল
ভাদ্র মাসের ফলের আগে কানা
কাঁচা বাঁশে ভ্রমর এসে বসতো অনেকজোনা ।।

সারা গ্রামে হাওয়ার গায়ে ছড়িয়ে যেত বাতাস
ফুলুরী আর ক্ষীরের লোভে ভীষণ হা-হুতাশ
ভাদ্র মাসের ফলের পাশে থাকতো একটি পুকুর
ঘটি নিজে ডুবতে গিয়ে কাটিয়ে দিত দুপুর ।।

শূন্যতা কে মাপতে গিয়ে আকাশে হাত ঠেকে
তাল-বেতালে রাত দুপুরে জীবন কথা লেখে
ভাদ্র আসে শ্রাবণ শেষে গাইবো ভাদু গান
বিনিদ্র রাত তালের তালে বাঁচবে বঙ্গ মান ।।

ঘুম কেড়ে নেয় রাত্রি

তোমার জন্য ভাবনা আমার
ঘুম কেড়ে নেয় রাত্রি
আকাশ জুড়ে সন্ত্রাসী মেঘ
মেঘ ফাটানো বৃষ্টি

এ যেন এক অনিবার্য
ভাঙ্গা গড়ার খেলা
একই আকাশ ধ্বংস বর্ণ
শরত শিউলি ভেলা

তোমার জন্য ভাবনা আমার
ঘুম কেড়ে নেয় রাত্রি
রুক্ষ ভূমি কোন ভরসায়
জাল বুনবে কৃষ্টি

সুনামি দেয় প্রতিধ্বনি
জীবন জুড়ে সংশয়
তবুও যেন বাঁচার জন্য
একটু ভালবাসার জন্য
জীবন হন্যে হয় ।।

মিষ্টি নিম

এই দ্যাখ এতক্ষণ তোমাকেই ভাবছিলাম
তুমি বলেছিলে কোলকাতার ফুটপাত
নিম অবসাদ নিরসনের দুর্ধর্ষ টনিক
এক্কেবারে ঠিক
এই দ্যাখ ধর্মতলায় নেমে হাঁটতে হাঁটতে
বই পাড়া কফি হাউস অব্যক্ত উল্লাস
বেশ লাগছে
বিচিত্র শব্দ পাথরে জলের খোঁচা
পেশাদারী বাক্যালাপ ছোট ভাঁড়ে অনন্ত চুমুক
সিধু-কানু-ডহরে শায়িত হাজারো বই
বাদশাহী সরবত লেবু জলে অথৈ
হাঁটতে হাঁটতে রাজভবন অন্যমনস্ক ট্রামগাড়ি
এই তো সেই লাল পেনশন বাড়ি
শেষ সম্বল
ফুটপাতে চুলোয় আগুন এখানে ওদের ফাগুন
অদূরে মিলেনিয়ম কতো পাখি মুখোমুখি
ভালো লাগছে আমার তিনশো বছরের পথচলা ।।

সম্পর্ক

প্রাচীন পুঁথি তোলপাড় করে
কোথাও মেলেনি উত্তর
আমি কে ?
পুঁথি ছেড়ে লোকালয় অরণ্য সৈকত
বাদ যায়নি নির্জন মরু শৈল শিখর
কোথাও মেলেনি উত্তর
আমি কে ?
বুঝলাম আমি কেউ নই
শুধু এক বিমূর্ত অহংকার
অমোঘ কাল স্রোতের এক
অনির্বচনীয় ভগ্নাংশ
তুমিই আমার সব
প্রেম ও রৈরব
হে মহাকাল কে আমি ?

শিখা

তোমার নামের আগে
রাখিনি এমন কোন বিশেষণ
যা তোমাকে পাপবিদ্ধ করে
শুচিস্মিতা তুমি – আপাদমস্তক
নিজেরই শিল্পশৈলীতে হয়েছো পরিপূর্ণ

তোমার নামের আগে
রাখিনি আগুন কারণ জ্বলন
নির্বাপণ সাজেনা তোমাতে
শুচিস্মিতা তুমি – আপাদমস্তক
নিজেরই শিল্পশৈলীতে হয়েছো পরিপূর্ণ

তোমার নামের আগে
রাখিনি অতিমানবিক কোন প্রশস্তি
যা তোমাকে অকারণ বিব্রত করে
শুচিস্মিতা তুমি – আপাদমস্তক
নিজেরই শিল্পশৈলীতে হয়েছো পরিপূর্ণ

তোমার নামের আগে
রাখা আছে অদৃশ্য এক চুম্বক
নামগোত্রহীন
প্রতিকন্ঠ গাইবে তোমার নিঃস্বার্থ প্রেম
দেখো কোন এক দিন...

উত্‌তুরে হাওয়ার নেশায়

মুখটি বুঝে কাটিয়ে গেছি তীব্র দহন বেলা
শীত এসেছে চুপিসারি নকশিকাঁথার খেলা
কুহেলিকার তীব্র প্রকাশ
অন্ধকারে মুখ ঢেকে নেয় দিনের আকাশ
সেই আছো সেই নেয়
ভাবতে ভাবতে হারিয়ে যাচ্ছে খেই ।।
লাল পাড় আর হলুদ শাড়ী
ছন্দে দোলে সোনাঝুরি খোয়াই তীরে
ইতস্তত বাউল বাতাস মন পাগলের ভিড়ে
আমি তোমায় খুঁজি এক তারাতে
আত্মহারা আদিম টানে বারে বারে
আমি তোমায় খুঁজি ......

এসো নতুন করে

নতুন আঙ্গিকে তুমি এসো
ফুলের নির্যাসে পাও পরম তৃপ্তি
ভুলে যাও বিগত দিনের খুনসুটি
নতুন আঙ্গিকে তুমি এসো

বিঘ্নিত সংলাপে যতি চিহ্ন রেখে
শুরু করি সংহতি আলাপ
দেখে নিও নিরুপদ্রব কেটে যাবে
আরেকটি বছর
একান্ত আলাপচারিতায়
প্রতিবাদে শব্দক্ষরন তাই মৌন উল্লাসে
এসো বাঁচি আরেকটি বছর
কাছাকাছি বসে   শুধু ভালোবেসে ।।

এখানে বসন্ত, ২০১৭

কিছু সময় মৌল রসায়ণে কিছু সময় মোহিনী ছলনায়
দ্বিখণ্ডিত হৃদয় দুটি এসে কিছু সময় মিলন মোহনায়

দিগন্তিকা উজাড় করে নিজে প্রস্‌ফুটিত হাজার কুসুম ফুল
সন্ধ্যা থেকে সকাল শত কাজে রাধাভাবে আবর্তিত ভুল

বিপন্ন সেই দিন অন্ধকারে মাখা জেগেই ছিলে তুমি চোখ দুখানি ঢাকা
একের পরে এক যুগের পরে যুগ ধন্য তোমার জীবন গাড়ী ভাগ্যখানি চাকা

কিছু সময় মৌল রসায়ণে কিছু সময় মোহিনী ছলনায়
দ্বিখণ্ডিত হৃদয় দুটি এসে কিছু সময় মিলন মোহনায়

সুখের সীমা লঙ্ঘিত বার বার পিপীলিকার মরণমুখি ডানা
তবুও প্রেম প্রতিবাদে মুখর হা-ভাতেরা কেবলই দ্যায় হানা

কিছু সময় জীবন রচনায় কিছু তোমার অতীত সাধনায়
দিগন্তিকা উজাড় করে নিজে বেঁচে থাকি তোমারই ভাবনায় ।।

পরিচয়

এই তো সেই বাঁশের বেণু
মাতাল করা সুরের রেণু
এই তো সেই স্নিগ্ধ মধুর মুখ
এখনো প্রেম সুপ্ত অগ্নিকুন্ড
এই তো সেই পাগল পারা সুখ
নির্নিমেষ এই তো অনুভব
যতই রাখো দূরে তোমার কল্প অবয়ব
সুর নিবদ্ধ শব্দে তুমি এখন আমার মূর্ছনা
দেখেও তুমি দেখছো কি সই শুনেও তুমি শুনছো না
এর চেয়ে প্রিয় মরণ ভালো সুপ্ত আগুন একটু জ্বালো
আমরা পুড়ি ভুবন জুড়ে প্রেম এখনও সেই জোরালো
এই তো সেই বাঁশের বেণু না বলা সব প্রেমের গাথা
এই তো সেই ভোরের পাখি বসন্তময় নীড়ের ব্যথা ।।

স্বপ্ন সিঁড়ি

ঘুমের মধ্যে প্রাচীন আকাশ
মেঘশিশুরা ক্রীড়াঙ্গনে
দুর্বিষহ সংঘর্ষ কেউ চাই না আলাপনে
নিচের মানুষ বিপদগ্রস্থ
এ কোন আকাশ যুদ্ধে পাগল
ধূন্য ঘিরে জল্পনা
শূন্যতা যে প্রেমের প্রকাশ
কেউ তো সেদিন জানতো না

কালো বর্ণ সাদা হল মধুর নীলে ভাসি
নদীর চরে অনন্ত কাশ দুলছে রাশি রাশি
মেঘশিশুরা থমকে দাঁড়াই মোহিত কোকিল কণ্ঠ
ভুবন জুড়ে ফুলের আবাস কেউ করো না মন্দ

কুজ্ঝটিকা যাওনা তফাত মেঘশিশুরা নামছে
স্বপ্ন সিঁড়ি রূপান্তরে মনঃকষ্ট বাড়ছে
প্রাচীন মাটির স্নেহচ্ছাস প্রাচীন আকাশ মুক্ত
ফিরিয়ে দাও না সরলতা হৃদয় আমার রিক্ত ।।

ভিতরে ঘূর্ণাবর্ত

এক বিন্দু থেকে আর এক বিন্দু
নাম চলাচল ধাম ঠিকানা বিষ্ণুপুর
দুটি পায়ে ভর করে অনুভব করেছি মাটি
অব্যক্ত তৃপ্তিতে পান করেছি শৈশবের
আনন্দ সিন্‌ধু

চলাচল ধামে উদ্ভ্রান্ত মধ্যাহ্ন দুপুর
ঠিকানা হারিয়ে চিরস্থায়ী বন্দোবস্তে
জীবন শশব্যস্ত
জাবরকাটা রুক্ষ অবসর – প্রজ্ঞা ফেরে
ভিতরে ঘূর্ণাবর্ত মেঘাভরন দিনের আলো
অস্থায়ী আর চিরস্থায়ী – অন্ধধামে প্রদীপ জ্বালো

অন্তরাবৃত শূণ্য ঘরে পরম আছেন আপন করে
এম্নি বোধে হারাই নিজে, নিজেই যেন নিজের খোঁজে
এক বিন্দু থেকে আর এক বিন্দু
নাম চলাচল ধাম ঠিকানা বিষ্ণুপুর ।।

কথার শিকড়ে

আমার চোখে তোমায় যখন দেখি
দেখি যখন তোমায় আমার চোখে
তুমি তখন তোমার মধ্যে থাকো
থাকো তখন তোমার মধ্যে তুমি
ঠুনকো আলাপ চরাচরে অসংগতি বাড়ে
বাড়ে অসংগতি যখন আলাপ চরাচরে
থাক তাহলে ঘুমিয়ে কথা কথার পরিচয়
পরিচয়টা ঘুমিয়ে গেলে হৃদয় নির্ভয়
তোমায় দেখি জয় করতে কঠিন দুর্জয়
দুর্জয় টা হার মেনেছে সুপ্ত তোমার বিনয়
থাকো তুমি থাকি আমি মৌন আপনপর
আপনপর মৌন যখন কোথায় সে নির্ভর ?

কাছাকাছি

আমার অনুভূতি নির্নিমেষ সংকেত দ্যায়
তুমি আছো খুব কাছে সার্বিক সখ্যতায়
তোমার পদচিহ্নহৃদয়ে রাখা সযত্নে
তবু ভ্রম নিজেকে একান্তে ধূসর ঘূর্ণিঝড়ে
বারে বারে অনুভূতি পরাভূত
এই ভেবে আমি বেঁচে আছি
তুমি আছো খুব কাছে
হারানো সম্বিত ফিরে দাও
পেতে দাও শীতলপাটী নির্ভয়ে নিদ্রা যাই
মহাকালী তোমার অনন্ত কোলে ।।

আপনমনে

ভাঙ্গা গড়া ঠুকুর-ঠুকুর
চলছে বারোমাস
বদলে যাচ্ছে ঘরের আদল
বদলে যাচ্ছে বাস
নতুন মুখের আদান প্রদান
পুরান হল স্মৃতি
জীবনভর আনাগোনা
স্বাদ বদলের রিতি ।।
দোকলা থেকে একলা বিদায়
থাকবে পড়ে একলা
বুকের ভিতর পরম রেখে
বাঁচবি রে তুই পাগলা ।।

মৌলী

আদিম আদল নগ্ন ভুবন কেমন মায়ের ঝি
লজ্জাবতীর শরীর ছুঁতে লজ্জা পাবার কি
আলতা রাঙা পা ছিল না পায়ের পাদুকা
ঘোমটা দেয়ার বসন কোথায় শুধুই নির্জনতা
আগুন কোথায় তাপ উত্তাপ প্রেম কি ছিল বন্য
তবুও স্রিষ্টি রেখেছো ধরে মৌলী তুমি ধন্য
সেদিন তোমার দুঃখ ভরা চোখের চাউনি
দাবানলে পুড়িয়ে ছিল হৃদয় ছাউনি
সুপ্ত প্রলয় সুনামি নাম সুক্ষ অনুভূতি
ধ্বংস সৃষ্টি মায়ার জালে শুধুই পরম প্রীতি
থাকছো তুমি আমার হয়ে পদ্ম পাতায় জল
মৌলী আমার মনের মানুষ অন্তহীন বল ।।

আনন্দিনী

বছর ঘুরে নিয়ম করে
সাতকাহনের গল্প
নিরঞ্জনে চোখের কোণে
মেঘ জমে তাই অল্প
ফিরে এসো আনন্দিনী
এসো বাপের ঘরে
খই নাড়ু আর সিঁড়ি নাড়ু
গুড়ের ভিয়েন ধরে
তোমার জন্য পুণ্য চিহ্ন
সদর দরজায়
মেনকা মা উদাস মনে
আগমনী গায়
তোমার আশার আশায় ভুবনজুড়ে
আনন্দ জোয়ার
খুঁটি পূজো সাজো সাজো বসন্ত বাহার
ঢাকের তালে কাশের দোলা জমবে দারুণ আড্ডা
দূরদূরান্ত নিকট হবে সঙ্গে থাকবে মন্ডা ।।

তাল ফুলুরি

মনের স্বত্বা উপুড় করা
উনুনে তেল গরম
দুদিন ধরে তালকে ঘিরে
উন্মাদনা চরম
স্নেহাবৃত সহিষ্ণুতা পুড়ছে
তেলে গা
তালফুলুরি রঙ বদলায় ভাবনা
কিসের মা
পেটি এমে তাল ব্যঞ্জন
নতুন জন্মাষ্টমী
উনুন ফুচোং কাঠের ধোঁয়া
ভাবনা নবমী
কালের চাকা ঘুরছে ঘুরুক
ভাবনা কিসে মা
এখনও তাল গাছেই ধরে
আকাশে তো না ।।

গোধুলি

প্রতীক্ষা প্রত্যয়ে তোমার রোজ ফিরি বাড়ী
নির্দিষ্ট ফেরিঘাট পারাপার তারপর রেলগাড়ী
গুঁতোগুঁতি গলদধর্ম অভিযান দিনদিনান্ত পার
এবার তোমার কথা নিজের হেঁসেল পরিপাটি সংসার
খুনসুটি বিরহ মিললে কত কেটে গেছে কাল
একাকীত্ব বন্ধন প্রেম ভালবাসা সনাতন
কেবলই নিরাপত্তা খোঁজে তোমাতে আমাতে মন
আমি তো আমার নই তুমি কি তোমার
পুঞ্জীভূত প্রশ্ন চিহ্ন কুরে কুরে খায়
এসো একসাথে ঘুরে আসি তেপান্তরে
জীবনের অচেনা ধ্বনি কর্ণপাত করে ।।

আনন্দ নিকেতন

অন্তরে তুই পুড়িস যখন মেয়ে
আকাশে মেঘ তক্ষণই
আসে কেমন ছেয়ে
চারদেয়ালে আবদ্ধ ঝড়
জানলা কেন বন্ধ
পূর্ব আকাশ সূর্য রাগে
ভাবিস না কো মন্দ
একটু খানি প্রত্যয়ে
খুললে বাতায়ন
দেখতে পাবি চরাচরে
আনন্দ নিকেতন
ঘর সংসার থাকনা যেমন আছে
থাকুক সবাই সবার মতন বেঁচে
মাতিয়ে দেনা আকাশটাকে আজ
ঝুমুর বাউল সুরধ্বনি কেমন উদাস ঝাঁজ
শুরু শেষের হিসেব নিকেশ রেখে
এই মেয়ে তুই স্বাভিমানে
বসনা একটু বেঁকে ।।

শেষ কথাটি বেশ কথা

নদী তোমার স্বেচ্ছা ভ্রমণ
আমার কেমন পায়ে বেড়ি
ইচ্ছে করে ইচ্ছে মরে
হৃদয়পুরে স্বপ্ন ফেরি

নদী তোমার বুকের ভিতর
প্রাচীন প্রেমের নৌকা বিহার
আমার বুকে সন্ধ্যা নামে
চায়ের কাপে ক্ষণিক বাহার

নদী তুমি ভাসাও যখন শুধুই ভাসাও
ঘর সংসার জীর্ণ আবাস ভালবাসা
আমার তেমন পারাপারে নেই ভরসা
নদী তোমার অনন্ত স্রোত কেবল জাগাও

আমি জাগি যতক্ষন না পাখি জাগে
তোমার বুকে সূর্য যখন অস্ত রাগে
তোমার নামে অবয়বে স্রোতস্রিনী
আমার চলা ধামাধরা ধূসর প্রাচীন
জীবন জীবন এক কাহিনী ......

অনুদাস

আমি তোমার মূক ও বধির
প্রাচীন অনুদাস
বিবর্তনে প্রাণ হাঁপরে
জীবন হাঁসফাঁস
নতুন করে নামকরণ
সুখ ও দুঃখ অলংকরণ
বিবশ যামিনী
লতায় পাতায় ঘর বেধেছি
তবুও থামিনি
ক্ষান্ত করো পাগলা ভ্রমণ শ্রান্তি অবকাশ
আমি তোমার মূক ও বধির
প্রাচীণ অনুদাস ।।

নতুন পাতা পুরানো কথা

চরাচরে চরি যখন চরকিবাজি ভ্রম
নিমেষে উধাও আগুন নিরুদ্দেশে দম
কত কাল এলো গেলো উড়ল জীর্ণ পাতা
উঁচু দিকে চেয়ে দেখ কিশলয় শাখা
ট্রেনে বাসে মহাকাশে মানুষ ফানুস
বিভীষিকা চরাচরে সকলে বেহুঁশ
ইচ্ছে করে ইচ্ছেমতীর হৃদয় ভরা জল
মরীচিকা উপান্তে দেখি তেমনি ছলাতছল
উনুনে মাটির হাঁড়ি ফুচোঙ্গে ফুঁ দিই
ঢেঁকিছাঁটা চাল ছাড়ি তৃপ্তি খুঁজে নিই
এসব প্রাচীন শব্দ চরাচরে আকাল
ভালবেসে ফেলি দেখি প্রেমে কাঙাল ।।

খাই খাই

ক্ষনে ক্ষনে খই ফোটানো আর্তি
গভীরে আগুন তপ্ত বালি ধানের রুপান্তর
নিথর পাষাণ আপন ভোলা যাচ্ছে খইয়ে
স্রোতস্রিনী শানায় ছুরি জলছুরিটা ধুইয়ে
তপ্ত কড়াই প্রকান্ড তাপ কুড়চি নাড়াই হাত
অনুপম আঙ্গুল নাচে পাথর গলে পাঁক
বুকের ভিতর অসীম সবুজ খামখেয়ালি মন
ক্ষণে ক্ষণে হারাই ভুবন প্রজ্ঞা রূপান্তর ।।

কিংবদন্তি খইয়ের ফসিল ধান মৃত এক কণা
উদর জুড়ে মহাকাল খিদের আনাগোনা ।।

পরিক্রমা

অনন্ত পরিক্রমা সংক্ষিপ্ত কাল
দেয়ালে আষ্টেপিষ্টে মাকড়সার জাল
পিঁপড়ে ভাবছে গতি বিপদমুখী
হৃদয়ে এখনও প্রাণ জীবন সুখী
ঢাক ঢাক গুড় গুড় মেঘলা আকাশ
অন্তিম যাত্রা শেষে কর্ম হল নাশ
স্মৃতি ধন্য ছিল কাল ছিলো ছোট
কত মুখ অপ্রসন্ন স্বাদ নেই জিভে
তখনই বিস্মরণ জাগে অবয়বে ।।

সেই তুমি

সেই তুমি কি মিষ্টি লাগো প্রকট শীতের বেলা
বাতাস এসে স্পর্শ করে রোমাঞ্চিত ভেলা
দ্বৈরথ এই অনুভূতি তোমার কি যায় আসে
যখন তোমায় মন্দ বলি হৃদয় জাগে ত্রাসে
প্রখর ধূসর চৈত্র দুপুর রুক্ষ আবাহন
সেই তুমি কি ভীষণ লাগো পালাতে চাই মন
এম্নি করে অনন্ত রাগ সময় ভাসে স্রোতে
সন্ধ্যা নামে পূব পুকুরে হাঁস ফেরানো ডাকে
সেই তুমি কি মিষ্টি লাগো অস্ত যাওয়ার ফাঁকে।।

যাত্রা পথের অন্তিম ষ্টেশন

বারংবার ঘোষণা ভাসছে পরবর্তী ষ্টেশন হাওড়া
যাত্রা পথের অন্তিম ষ্টেশন
অপরিহার্য জায়গা বদল ভেবে
একে একে সকলেই নেমে যাচ্ছে
যাত্রা পথের অন্তিম ষ্টেশন
আমি অবশেষে বাঁদিক ডানদিক করে
নেমে পড়ছি হঠাৎ দৃষ্টি নিবদ্ধ হল
এক কোণে যবুথবু যাত্রী বসে এক
কি দাদা নামবেন না
নিঃস্পন্দ মুখে টু শব্দটি নেই
ভিড় জমে গেল গুঞ্জন ঘনীভূত
যাত্রী নাকি নেমে গেছে অনেক আগে
পড়ে আছে খোলস
যাত্রা পথের অন্তিম ষ্টেশন ।।

অন্তহীন পিছুটান

নির্মোহ হতে সহস্র বছর ধরে
নিজেকে ভিখিরি সাজায় বারে বারে
দর্প তবু হয়নি খর্ব
মা ও মাটির কামড়ে বোধ করি গর্ব
ইদানীং বড্ড বেশী পিছুটান সংসারে
আপ্যায়ন প্রত্যাখ্যান নিছক প্রহারে
জরাজীর্ণ পাতা খসে খসে পড়ে
ঘুম ভাঙ্গে গভীর রাতে শ্বাস যেন নড়ে
বেঁচে আছি অনুভবে মুষ্টিবদ্ধ জলের গেলাস
ঢক ঢক করে নিবৃত্তি প্রাণের প্রয়াস
খুঁটিনাটি আঁকড়ে ধরে নতুন সকাল
পাখি জাগে প্রবৃত্তি জাগে
একে একে জেগে ওঠে প্রবাহের মুখ
পুরাতনী সুরে আলোড়িত জীবনের সুখ ।।

শীতসুন্দর

উত্তর বাতায়ন এখনও খোলা
ধূলোমাখা পাতাগুল নিঃস্পন্দ গাছে
শিলিং ফ্যান মৃদু ছন্দে ঘুরপাক খায়
তবু উত্তুরে হাওয়ার দেখা নায়
ফি বছরের মত হলুদ পাখিটা
টোকা দিচ্ছে জানালায়
ভোরের গায়ে অন্ধকার তখনও জড়িয়ে আছে
শীত নয় শুধু শীতের আবেশ
একলা হাঁটার রহস্যটা মাথার মধ্যে নিয়ে
ঘুমন্ত চৌহদ্দির নিঃস্তব্দতা একা একা ভেঙ্গে যাই
অন্ধকারের ঘোমটা খুললে জাগতিক উন্মাদনা
অভিনব ভাবনার অতলান্তে আমি হারিয়ে যাই
মা নাকি মৃত্যুর পর পাখি হতে চেয়েছিল
তাই হলুদ পাখিটার প্রতি এত টান
সম্বিতে শীত অসম্বিতে জন্মান্তর অপরূপ ঘ্রাণ ।।

প্রজন্ম

শূন্যে পা রেখে হাঁটা অলীক স্বপ্ন
তাই মাটির বুকেতে রাখি পা
সবুজ ঘাসের প্রাণ পদপিষ্ট হয়
তবু দেখি পরম সহিষ্ণুতা
অবাক পৃথিবী নদীস্রোত বেগমগ্ন প্রায়
সাবলীল জীবনযাপন শহরতলী নিদ্রামগ্ন
অরণ্যে দুর্ভিক্ষ পীড়া
দলমা বহিষ্কৃত হাতির পাল ধ্বংসের উন্মাদনা
রাজপথে আতঙ্ক ক্রীড়া
কে যে কাকে দুষি অতিক্রান্ত মহাকাল অগণিত ভুলে
বিজ্ঞাপনে ফেরেনি চৈতন্য হায়
তাই এসো আরেকবার জননী সজীব করি
রূপকথার অরণ্যে শকুন্তলা খুঁজে ফিরি ।।

প্রেমে প্রান্তরে

এক চিলতে শীতল হাওয়া লাগলো বুড়ো হাড়ে
প্রেম জাগালো নতুন করে মন উদাসী করে
জীবন দায়ী ভালোবাসা অস্ত অবসাদ
জড়িয়ে পড়ি মায়ার জালে বাঁচার নতুন স্বাদ

বিশ্বজুড়ে এমনি হাওয়া পায়না রুগ্ন মন
একলা বসে বয়সকালে জাবরকাটে ক্ষণ
আদ্দি কালের বদ্দি বুড়ো অমর শব্দজাল
জীবন ছেড়ে জীবন খুঁজে অমোঘ পরকাল ।।

থাকলো পড়ে বসন্ত তোর জীর্ণ পাতার ভেলা
জীবন ভাসে অনন্তকাল মায়াতরুর খেলা ।।

রাধারাণী

কেমন তুমি দেখতে ছিলে রাই
যারা তোমায় দেখেছিল কেউ তো এখন নাই
তুমি ছিলে গৌরী অতি কিংবা শ্যামলী
তুমি ছিলে লজ্জাবতী না হয় মুম্‌ফুলি
কেমন তুমি দেখতে ছিলে রাই ।।

কেমন তোমার বাচনভঙ্গি কেমন ছিল সুর
কোন ঈশারাই আসতো কাছে হৃদয় যোজন দূর

কোথায় তোমার ঘুঙুর বাজে কোথায় পায়ের শব্দ
সব হৃদয়ে তুফান তুলে কেনই বা রাই স্তব্ধ
কেমন তুমি দেখতে ছিলে রাই
যারা তোমায় দেখেছিল কেউ তো এখন নাই
কেমন তুমি দেখতে ছিলে রাই ।।

চিরায়ত

শ্মশানের পাশে একটা গাছে
কেউ কিছু ভাবে পাছে
নিশ্‌চুপ বসে চিন্তামগ্ন বসন্তবিহারী
কোন মুখে সে গাইবে গান এখন অসময়
শ্রোতারা সকলে নির্বাক হৃদয়ে বিপর্যয়

চিন্তামগ্ন বসন্তবিহারী নিরুপায় হয়ে শেষে
উড়ে গেল দূরে যেখানে জীবন সঙ্গীতে আশ্বাসে
তবে কি প্রবাদ ঠিক বলে তাকে কোকিল বসন্তের
প্রকৃতির দান কন্ঠ মধুর কাজ কি পরিচয়ের

পুরাতনী সুখ পুরাতনী শোক অনন্ত সুর মূর্ছনা
যে যাই ভাবুক বসন্তবিহারী কথা বলে বেশ মন্দ না ।।

অবচেতন কথোপকথন

বন্ধ চোখের দরজা দিয়ে রোজই আসে স্বপ্ন
তখন রাত গভীর গোপন আত্মসুখে মগ্ন
ও মেয়ে তুই বুঝিস নাকি স্বপ্ন মানে কি
বামন হয়ে চাঁদ অভিমুখ স্পর্শ রেখেছিস
ঘুম বিলাসী মনের ভিতর কালক্ষরনের গল্প
বিষণ্নতা শুধুই জাগে চোখ খুললে অল্প
তবুও মেয়ে স্বপ্ন দেখে আকাশকুসুম স্বাদ
বিশ্বকুটুম সন্ধ্যা নামে জীবন অবসাদ ।।

মনপবনের দাঁড়

নদীর উচ্ছ্বাস দিয়ে স্মরণাতীত কাল থেকে
ভ্রমণ বিলাসী পারাবার
আমারও সময় ছিল হাতে ছিল মনপবনের দাঁড়
তুমি ছিলে প্রতীক্ষায় বিস্মৃত নদীটির পাড়
কষ্টকল্পিত পরিচয় মনে পড়ে শুধু মিষ্টি হাসি
কেউ বলে রসময়ী কেউ প্রেমে বানভাসি
যে যাই বলুক না কেন জীবন ভ্রমণ বিলাসী
দুরন্ত স্রোতের টানে নির্নিমেষ পাথেয় বদল
স্থান কাল পাত্র কষ্টকল্পিত মুখ ও মাদল
হৃদয়ে মহুয়া আবেশ দ্রিমি দ্রিমি ছন্দ পাগল ।।

সন্ধ্যাভ্রমণ

একটু খানি নীরব থাকো মন
কথা হবে চুপি চুপি শুনবে প্রিয়জন
ঘোমটা তুলে রাখলে যখন দৃষ্টি কেন দূরে
দিচ্ছি কথা গান শোনাবো তোমার প্রিয় সুরে
ভুবন জুড়ে তোমার কথা মহুয়া আর মাদল
নীল কালোতে মাখামাখি হৃদয় ভরা বাদল

তবু নীরব থাকো মন
কথা হবে চুপি চুপি শুনবে প্রিয়জন
সকাল থেকে সন্ধ্যাভ্রমণ প্রমাদ ঘূর্ণিপাক
এই বুঝি সেই আসলে তুমি পরমই নির্বাক
মুখরা নিয়ে প্রাণান্ত মন কখন হবে স্থির
স্নিগ্ধ বটের ছায়ায় প্রজ্ঞা ম্লান ও বধির

একটু খানি নীরব থাকো মন
কথা হবে চুপি চুপি শুনবে প্রিয়জন ।।

মধ্যস্রোত, বিপন্ন সময়

দুয়ার যখন ভিতর থেকে বন্ধ
মনে তখন উন্মোচিত দ্বন্দ্ব
অন্ধকূপে না জানি কি ঘটছে
একটু ও কি আলোর ছটা পড়ছে

ভাবতে ভাবতে আঘাত প্রতিঘাত
সংজ্ঞাহীন বিশ্ব নিশ্চুপ
পাতায় পাতায় আলোর রেখা পড়ে
জোনাকিরা জাগিয়ে রাখে রাত ।।

মধ্যস্রোতে অসম্বিত হাওয়া
লঞ্চভ্রমণের প্রশান্তি বিপন্ন
যাত্রীরা সব মৃত্যুমুখী হয়েও
সময় ফাঁদে জীবন যন্ত্রমগ্ন ।।

পাঁচমিশালি কথার ফাঁকে দাঁড়িয়ে পারাবার
ইষ্টমন্ত্র হৃদয় জুড়ে জীবন বড়ো ভার ।।

যেতে যেতে

পূর্বপুরুষের চষে যাওয়া ভিটেয়
না জানি কতই টান
অশীতিপর শরীর থেকে দুদিনের জন্য
পালাবার ইচ্ছেটুকু কক্ষনও জাগতে দেখি নি
তীব্র দহনে মনে হয় এইতো আর কটা দিন
তারপর দোয়াত উল্টানো কালো মেঘের আকাশ
রিম ঝিম পরান জুড়ানো বৃষ্টি
পূর্বপুরুষের চষে যাওয়া ভিটেয়
না জানি কতই টান
শীত আসলে হাঁপানির টানে আশে পাশের মানুষ গুলো
অতিষ্ঠ মনে মনে প্রিয়জনের মুক্তি কামনা করে
অশীতিপর শরীরের বাসনা এইতো আর কটা দিন
তারপর বসন্ত কতো ফুল ফুটবে রঙিন উৎসবে
গান হবে নাচ হবে এই পূর্বপুরুষের চষে যাওয়া ভিটেয়
জীর্ণ শরীরের যন্ত্রণা বাঁচার আনন্দে ম্লান হয়ে যাবে
তারপর আহ্বান বিসর্জন একাকার হলে সেখন

যাবার কথা ভাবা যাবে যতই হোক
পূর্বপুরুষের চষে যাওয়া ভিটে
এটা একটা অব্যক্ত টান কেউ কেউ নয়
সকলেরই হয় পরিচয় খোয়াবার আগে ।।

ঘরের মেয়ে ফিরছে ঘরে

ভারত ভ্রমণ শেষ হল আজ তোমার আগমনী
ক্লান্ত তুমি আসছো ঘরে শুনছি পদধ্বনি
শক্তি তোমার আদি অপার অসীম সহিষ্ণুতা
কেমনে মা ছিলে কোথা কোন নামে কোন গাথা
বনশঙ্করী কর্ণাটকে পরমেশ্বরী তুমি
অসুর বধে ক্ষান্ত ভুবন শান্ত জন্মভূমি
ঘর সংসার একলা হাতে পাগল পারা শিব
একটু মানের অন্যথাতে সেই তো কাঁপায় জীব
জম্মুতে মা বৈষ্ণদেবী অন্ধ্রে কনকা
কর্নি তুমি রাজস্থানে বঙ্গে আমার উমা
এবার আমার আসছে উমা শিউলি লুটোপুটি
যে নামেতেই ডাকি তোমায় পূজোয় এসে যুটি
হৃদয় আমার আপ্লুত মা আসছো তুমি ঘরে
ত্রিগুণ ধারা মা জননী স্নেহছাসে ভরে ।।

অনুরণন

দুষ্টু রোদের রুষ্ট তাপে বেশ কাটালাম গ্রীষ্ম
মহাকাল আমার গুরু আমিই তো তার শিশ্য
আকাশ জুড়ে মেঘ আভরণ আষাঢ় কোলে বৃষ্টি
ভুলেই গেছি দহন বেলার কষ্টকল্প সৃষ্টি
সম্মুখে দিন ঘনঘটা আসতে পারে বন্যা
ঘর সংসার টুকিটাকি সামলে রেখো কন্যা
ভুলেই যাবে বানভাসি দিন হয়তো অনাহার
পাড়ায় পাড়ায় পূজোর মেজাজ সংগে সাজের বাহার
উঠোন জুড়ে শীতের আবেশ খোলসে নেই রৈরব
ভুলেই যাবো ছেলেবেলার লুকোচুরির বৈভব
ফুল ফুটবে ডাকবে কোকিল নতুন রোদের বেলা
ভোর হবে যে নতুন করে ফুরিয়ে গেলে খেলা ।।

নাম জীবনপুর

নামগোত্র সূত্র ধরে সর্বজনীন ভাবনা
প্রজ্ঞা তখন অসম্বিতে নাম হল সুকন্যা
এগ্নি নামের সার্থকতা নাম দিয়ে যে বড়
সৃষ্টি মুখর জীবন যুদ্ধ অন্যথা সে জড়
বৃক্ষ ফলে প্রকাশিত কোকিল কণ্ঠ রাজ
তোমার নামই মন্দাক্রান্তা স্বপ্ন শুধু কাজ
সূত্র ধরে পথ চলে নাম নিশ্চিহ্ন পথে
সৃষ্টি তোমায় আঁকড়ে রাখে মহাকালের রথে ।।

নামগোত্র থাক বা না থাক আকাশ জুড়ে মায়া
ভালবেসে নাম রেখেছি তুমিই আমার ছায়া ।।

ঘর বদল দৃষ্টি বদল

বিষণ্ণতা আর যেন নেই ঘরটা হাসিখুসি
দেয়াল জুড়ে রঙের ঘটা বদলে গেছে রুচি
বদলে গেছে আচার বিচার বদলে গেছে ভাষা
আবাসিক যে উধাও হল ফেরার নেইকো আশা

ইট পাথরে ঘরটা যেমন আগের মতোই ঘর
রবীন্দ্রনাথ শরৎচন্দ্র ওরাই হল পর
ঝুল বারান্দায় নিয়ম করে চলত আলাপন
এখন শুধু সন্ধ্যা নামো বাক্য সমাপন

এম্নি করে শুন্যতাকে পূর্ণ করে সময়
ভালবাসার বদল ঘটে দৃষ্টি করে জয়
আবাসন এক বিশ্ব যেন নিত্য আনাগোনা
উল্লাস আর বিষণ্ণতার নামভূমিকায় আনা ।।

সম্পর্ক

আমিই তোমার উদয় যেমন তেমনি তোমার অস্ত
আমার প্রাচীন পাষাণ হৃদয় কোমল মানব যন্ত্র
আমিই তোমার ফুলের সুবাস তুমিই আমার বৃন্ত

আমিই তোমার ব্যাঘ্র ক্ষুধা তুমিই নিবারণ
আমিই জোনাক আকাশ জুড়ে অন্ধ আভরণ
আমিই তোমার অন্তরালে গভীর বিরহ ব্যাথা
আমার প্রাচীন পাষাণ হৃদয় তোমার মর্মব্যথা

আমিই তোমার নির্বাক স্বর প্রতিবাদী ঝড়
তুমিই আমার নিরাশ্রয় কেবল করি ভয়
আমার তুমি নকশীকাঁথা গল্প বলা মায়া
আমিই তোমার অন্তবিহীন ভালবাসার ছায়া

আমি তোমার যন্ত্র মানব সেলফিতে মন মর্ডান
তুমিই আমার অমর পুরাণ অসীম অনন্ত প্রাণ ।।

নিবৃত্তি

মনের মতো পেয়েছি একটা ভূত
কোন রসায়ন কোন কাজে তার
বুঝতে বুঝতে হয়রান দেবদূত

এক অঙ্কের ছোট্ট জীবন যাত্রা
কতোই না সাধ ভূতের মনে
নির্নিমেষ সে বদল ঘটায়
নেই সীমাহীন মাত্রা

সংসার এক রূপকল্প শুধুই টানাপোড়েন
ভূত নিবৃত্তি অসম্ভব তা পরম নিজে বোঝেন
জন্মভূমির রসদ নিয়ে ধন্য ধন্য জীবন
বৃক্ষ থেকে বৃন্ত চ্যুত ভূতের না হয় মরণ

বৃষ্টি শেষে শান্ত ভুবন আগুন পুড়ে খাক
কোথায় সে মন কোথায় সে ভূত শুধুই ঘূর্ণ পাক ।।

শেষ কথাটি বেশ কথা

নদী তোমার স্বেচ্ছা ভ্রমণ
আমার কেমন পায়ে বেড়ি
ইচ্ছে করে ইচ্ছে মরে
হৃদয়পুরে স্বপ্ন ফেরি

নদী তোমার বুকের ভিতর
প্রাচীন প্রেমের নৌকা বিহার
আমার বুকে সন্ধ্যা নামে
চায়ের কাপে ক্ষণিক বাহার

নদী তুমি ভাসাও যখন শুধুই ভাসাও
ঘর সংসার জীর্ণ আবাস ভালবাসা
আমার তেমন পারাপারে নেই ভরসা
নদী তোমার অনন্ত স্রোত কেবল জাগাও

আমি জাগি যতক্ষন না পাখি জাগে
তোমার বুকে সূর্য যখন অস্ত রাগে
তোমার নামে অবয়বে স্রোতস্রিনী
আমার চলা ধামাধরা ধূসর প্রাচীন
জীবন জীবন এক কাহিনী ......

তোমায় ডাকলে পাই

আমার ইচ্ছে পাতার বর্ণ গুলি
তোমার হাতে গড়া
একটি আমার পূর্ণ হলে অন্য পায়ে খাড়া
নির্নিমেষ আকাশকুসুম চাওয়ার পরে চাওয়া
লাগাম যদি বাইরে হাতের বিপদ করে ধাওয়া
তখন তোমায় ডাকি   ডাকলে তোমায় পাই
মহাকালের অন্তনীলে ইচ্ছে কিছু নাই ।।

নিজের মধ্যে ভাঙ্গা-গড়া বন্যা নদীর পাড়
শ্যাম রাখি না কূল রাখি তখনই তোলপাড়
তখন তোমায় ডাকি   ডাকলে তোমায় পাই
মহাকালের অন্তনীলে ইচ্ছে কিছুই না ।।

ইচ্ছে আমার পানকৌড়ী মতস্য কন্যা হয়
অকারণে ইচ্ছে করে ভূতেয় জন্য ভয় ।।

সময়ের ছায়া

কবিতায় কিংবা গল্পে বয়স ধরার
ঝুরি ঝুরি কাহিনীর সন্ধান পাওয়া যায়
ঘূনীর ভিতর লাট খায় পুঁটি
আবর্তে মুক্তির কোন চোরাপথ নাই
সময়ের ছায়া গ্রাস করে সর্বাঙ্গ
রুক্ষ প্রান্তরের সীমান্তে হাতছানি
মেঘে ঢাকা কাশ পোশাকি মোমদানি
রাশিকৃত মায়াবী অবয়বে শ্যেন দৃষ্টি
বয়সে পড়েছে ছায়া সময়ের
খুলে দাও গোপন পথ
ভেসে যাক রূপক পথিক
এ যেন আনন্দ ঘন সময়ের বৃষ্টি ।।

সম্মোহ

দেয়ালে মৌন বসে গোলকের স্থির বিন্দু
সম্মুখে আমি আমার বিচলিত মন
কখনো বিমূর্ত আল্লা কখনো মূর্ত ঈশ্বর
কখনও রামকৃষ্ণ কখনো লালন ফকির
স্থির বিন্দু আর আমার মধ্যপথে
সহস্র দুঃস্বপ্ন দুরাচার
মানুষের প্রতি মানুষের আকর্ষণ – বিকর্ষণ
শামুক গতি চোখ অবসন্ন বোধ
চোখ বুজে দেখি প্রকৃতির মোহিনী মায়া
কবির কলমে আঁকা অনুপম মিলন বিরহ গাথা
স্থির বিন্দু আর আমার মধ্যপথে
মানুষের কর্মফল প্রকৃতি সংহারে
ঘুরে আসা চরম ভোগান্তি
হারানো সুরের খোঁজে বিশ্ব পরিবেশ দিবস
স্থির বিন্দু অনড় দ্রষ্টা আমি নির্বাক
যুগান্তরে খুঁজে ফিরি সিন্ধুতে স্থির বিন্দু
পরার্থে প্রেম অনিবার্য সংহতি ।।

মারাং বুরু

মিছা তুই নিয়ে এলি বিড়াই নদীর পাড়ে
খুঁটে বাঁধা মুড়ি গুলা ভিজাব কোন জলে
ভিজাব কোন জলে
গাছ গুলা সব কাইটে কাইটে ভুবন ডাঙ্গা ফাঁকা
ভাত কাপড়ে চালা ঘরে কথা ছিল রাখার

এখন পেটের জ্বালায় মেয়ে মরদে গতর খেটে মরি
পাথর ভেঙ্গে পাথর ভেঙ্গে কার যে ঘর গড়ি
বাহাফুল পাতালি কেনে মনে ফুল ফুটালি কেনে
ভরসা দিলি ভাত কাপড়ে সারা জীবন রাখা
মিছা তুই লিয়ে এলি পকেট ট তর ফাঁকা

বুলবুলিটা উধাও বটে ঢ্যাবা ঢ্যাবা টাওয়ার
শাখ পাতাটাও ঘরেতে লাই
শাল পাতায় নেই খাবার
মারাং বুরুং মারাং বুরুং হিথায় যুদ্ধ শুরু
বুকের ভিতর বুকটা লাচে তড়াং গুরু গুড়ু

মিছা তুই লিয়ে এলি বিড়াই নদীর পাড়ে
খুঁটে বাঁধা মুড়ি গুলা ভিজাব কোন জলে
ভিজাব কোন জলে ।।

২০২১

রুগ্ন গোলক মগ্ন পাখি
ভোরের বার্তা আনে
আমি শুনি আর প্রহর গুনি
শীত প্রবাসী
পাতা ঝরে যায়
এ কোন দহনে
পাতার ভিতর জলছবি
প্রিয় মানুষের মুখ
মগ্ন পাখি বিস্মিত হয়
সুনসান পথঘাট
পাতার শিরায় স্বপ্নগুলি
ক্রমশঃ মৃতপ্রায়
রুগ্ন গোলক জীবন যুদ্ধ
লড়াই ভীষণ কঠিন
মানুষের পাশে মানুষ দাঁড়িয়ে
প্রেম পুরাতনী প্রাচীন ।।

সংসার স্বপ্নময়

বন্ধ চোখে চুপিসারে স্বপ্ন করে ভিড়
স্বপ্ন বৃক্ষ স্বপ্ন সোপান স্বপ্ন নদীর তীর
বিপন্ন ঘুম দুঃস্বপ্নে বিভোর আর্তনাদ
চোখ খুললে আত্মশ্লাঘা স্বপ্ন অবসাদ
স্বপ্ন চারণ এমনি এক অলৌকিক মগ্নতা
লাগাম ধরে এগিয়ে গেলে
জীবন জুড়ে সফলতা
খোলা চোখের স্বপ্ন প্রয়াণ
কথা এবং কাহিনী
মানব জীবন ধন্য করে সুদূর স্বপ্ন চারিণী ।।

এক পদ

নিরাপদ আশ্রয় খুঁজি
প্রখর রোদ্দুরে
মধ্যাহ্ন শহর নির্বিকার মুখ ফেরায়
পায়ে পায়ে অরণ্যে যাই
নিদারুণ জলকষ্ট
পশ্চিমে সন্ধ্যা নামে
খরাক্লিষ্ট অবসন্ন হৃদয়
পরাজিত সৈনিকের মতো
অপলক চেয়ে থাকি আকাশে
শুণ্যতা ভরে আসে বাঁধ ভাঙ্গা জলে
আমায় সিক্ত করে যুগ যুগ ধরে ।।

প্রেম বিন্দু

আমার বেঁচে থাকার প্রাণ কেন্দ্র
প্রেমের আবরণী
তোমরা যারা মুখ ফিরিয়ে
হৃদয় ফ্রেমে তারাই তোলো
ভালবাসার ধ্বনি
পথের মাঝে দেখা হলে
স্বভাবসিদ্ধ হাসি
তোমরা যারা মুখ ফিরিয়ে
তাদের কেন এই আমি
বড্ড ভালবাসি
সময় স্রোতে শূণ্য ভরি একটুখানি ঠাঁই
বাঁচার জন্য একফালি বুক
একটু আগুন চাই ।।

অভাব অনুভূতি

স্নেহ – ১

মা ডাকে মা দ্যায় না সাড়া
কোন ভূলোকের মা
হাজার তারার ভীড়ে তিনি
কিছুই জানেন না।

ভালবাসা – ২

এ গেল এক মায়ের অভাব
শূণ্য অনুভূতি
মায়ের থেকে যোযন দূরে
ব্যস্ত তুমি জীয়ন কাঠি
ধূ ধূ মরু বুকটা মায়ের
শূণ্য অনুভূতি।

প্রেম – ৩

সন্ধ্যা নামে নদীর চরে
একলা রাধা প্রহর গুনে
কোথায় তুমি বাজাও বাঁশী

হাজার রাধা মাতলো শুনে
অন্তরে তার বিঁধছে ব্যথা
কিসের অভাব
মুহুর্মুহুঃ শূণ্য অনুভূতি।

প্রাপ্তি – ৪
জরা যখন আঁকড়ে ধরে
উন্‌মুখ পিতামহ
আসবে কাছে একে একে
প্রিয় মুখের প্রেক্ষাগৃহে
প্রাচীন দৃষ্টি শুধুই খোঁজে ছায়া
অভাব বাড়ে হৃদয় জুড়ে
বিমূর্ত এক শূণ্য অনুভূতি ।।

সংবেদ

ঘরে বসে দিচ্ছ এখন
এদেশ ওদেশ পাড়ি
নিস্পন্দ বর্ণে আঁকা
বইটি বসত বাড়ি
মরিশাসের রামধনু রং
চোখের ভিতর ভাসে
শরৎ এলে নদীর চর
বাংলা দুলে কাশে
বৈচিত্র্যের বৈভবে ভিন্ন ঠেকে স্বাদ
এক আকাশের নিচে আমার একটি হৃদয় চাঁদ
আমার ভালবাসা যেন বিশ্ব অভিমুখ
যতই থাকো মুখ ফিরিয়ে অন্তর উন্‌মুখ ।।

ছায়াছবি

অরুণিমা এবার তুমি এসো
সুখবোধ্য আলাপ চারিতায়
কথায় কথায় গভীর হোক রাত্রি
তোমার পথে হয়নি আমার হাঁটা
আমার পথে তুমিও ছিলে বিমুখ
এখন আমার শুধুই অবসর
প্রহসনের খুঁটিনাটি বাকি
তোমায় পেলে বলবো সব খুলে
শুনবো তোমার পুরাতত্ত্ব পাঠ
ছয় দশকের রহস্যময় ফাঁকি ।।

বাঁদনা পরব এলো ভবে

খড়কুটো আর ভুষি খোলে জাবান খানি রাখো
মুখ ঘুরিয়ে রাখিস না মা
হৃদয় প্রান্তর আমার হয়ে যাবে ফাঁকা
উদোম ছিল আমার শরীর উদোম প্রকৃতি
উদোম তুই এখনো মা শিব বাবাটার কি

চাষে বাসে পথ্যে স্নেহে অনন্ত তোর মায়া
তোর আদরে হলাম বড় কোলের শীতল ছায়া

সিঁদুর তেলে গা ধুয়ালাম গো-শালা ধবধবে
বাঁদনা পরব এলো মাগো ঘুরে আবার ভবে

নাচব মনের জানলা খুলে সঙ্গে নিয়ে তোকে
বাঁদনা এলো বাঁদনা এলো আনন্দ এই লোকে ।।

আমার টুসু

টুসু আমার লক্ষ্মী রাণী রুকুমাটির মেয়ে
শেয়াল শকুন সংগে মায়ের ভয় আসেনা ধেয়ে
আমার তোমার সবার টুসু ভিন্ন সাজে রাই
লালমাটিতে ডাগর চোখে দুরন্ত লালবাঈ
দলমাদল টা ইখানে পড়ে মদনমোহন কুথা
দশ-মণ তেল পুড়বে আবার জাগবে প্রেমের ব্যথা

তোমার টুসু চৌডলে যায় নীলহলুদের শাড়ী
আমার টুসু মনমোহিনী অঙ্গে বালুচরী
পোড়া মাটির দাপুটে ঘোড়ায় আসবে টুসু রাণী
জীবন জুড়ে আনাগোনা প্রেমেরই কাহিনী

টুসু আমার লক্ষ্মী রাণী রুকুমাটির মেয়ে
শেয়াল শকুন সংগে মায়ের ভয় আসেনা ধেয়ে ।।

সূর্য দেখিনি তখনও

নির্জন গহ্বরে তোমার পূর্ণতা
নিষ্পাপ নিস্পৃহতা ও প্রশান্তির পর
সূর্যস্নানের অপেক্ষা
পৃথিবী এমন বর্ণময় কখনও হয়না জীবনে
টলমল পা, সার্বিক জননী নির্ভর

দায়বদ্ধ কার কাছে এ বোধ সংশয়ে কাটে
নির্মিতি অঙ্গীকারে
ধর্মাধর্ম দ্যোতনা নেই ভাষাবর্ণ ভেদ নেই
মহাভূমি স্পর্শের অবলা আনন্দ
শেষ দিন উৎসবের দিন
নির্ভেজাল কুয়োর ব্যাঙের মত
নিজেকে ফাঁপাতে ফাঁপাতে
মধ্যবিত্ত দিনগুলি পাপবিদ্ধ হয়ে পড়ে ।।

বৃক্ষ যেমন ছায়া নয়

সুখের মুখ কজনই বা দ্যাখে
সুখ কেবলই ফাঁকি
মানুষ তুমি দুঃখ পেলে বোলো
দিন দুপুরে চিত্রপটে
দুখের ছবি আঁকি
মানুষ তুমি দুঃখ পেলে বোলো

এই যে দেখা
আবার কবে হবে?
কার সাধ্যি হঠাৎ বলে দেওয়া
আঙ্গুল থেকে নদীর মত বয়স সরে যাবে

বৃক্ষ যেমন ছায়া নয়
সূর্য ছুঁইয়ে দীর্ঘতর হয়
মানুষ তুমি দুঃখ পেয়ে বড়
সুখের মুখ নাইবা হল দেখা
মানুষ তুমি দুঃখ পেলে বোলো ।।

বর্ষা উপাখ্যান

দানব বেশে গা ঝাড়া দাও
কেমন তুমি বর্ষা
বানভাসি ওই মানুষ স্বজন
কে কার এখন ভরসা

কুম্ভীরাশ্রু কেউ ঝরাবে কেউ করবে বিলাপ
ত্রাণ নিয়ে কেউ ঠান্ডা ঘরে
দীর্ঘ সুত্রী আলাপ

কবি বড্ড সৃষ্টিকাতর বর্ষা পরম সুন্দরী
কখনও সে নূপুর পায়ে কখনও বাঘ হাঁ করি

অসংকোচে গ্রাস করে নাও
হতভাগীর শেষ বাড়ি

আমরা চাচা আপন প্রাণে
বেঁচে থাকার রেশ ধরি

দানব বেশে গা ঝাড়া দাও
কেমন তুমি বর্ষা
বানভাসি ওই মানুষ স্বজন
কে কার এখন ভরসা ।।

তোমার দিন, আমার দিন

সকালে চায়ের টেবিলে সম্প্রীতি বৈঠক
বয়সজনিত অসুখের ওষুধ বাড়িয়ে দিই রোজ
প্রৌঢ় সময় আন্তরিক হয়ে ওঠে পরস্পর
আমি ব্যস্ত হয়ে পড়ি শিক্ষায়াতনে তুমি
ভাব ভোজ কতো সুস্বাদু ব্যঞ্জনে ভরিয়ে দেবে
এভাবেই দুজনের প্রশস্ত জীবন যাপন
দুঃস্বপ্নে দেখি শুনশান চায়ের টেবিল
কথারা গেছে বনে নিরুদ্দেশে তোমার খোঁজে
ঘুমের ঘোরে উন্মাদ অন্বেষণে
আমাকে হাতড়াও তুমি
আমি তখন প্রাতঃভ্রমণে তোমারই কথার
স্মৃতি স্মরণীতে
টুপ টুপ করে প্রার্থনার সাজি ভরি ফুলে ফুলে
অন্ধকারে প্রেম জাগে তীব্র আকিঞ্চনে
যাওয়া আসা তোমার আমার কথা
প্রবাদ পুরুষ মহাকাল লিখে যায়
সম্প্রীতি টেবিলে চায়ের চুমুকে
মুখোমুখি আমাদের প্রিয় দিন

তারপর যে যার মত শোধ করি জীবনের ঋণ
সকলেই বসুক একবার এভাবেই রোজ
সম্প্রীতি উদ্ভাসে মিলুক ভালবাসার
নবনির্মিত ধ্রুবলোক ।।

অজ পাড়াগাঁ

মিলন মেলায় সন্ধ্যা নামে
সূর্য তখন পাটে
হাঁস ফিরছে গাবীন গরু
ছাগল ছানা ঘরের ছেলে
সবাই একে একে
তুলসী তলায় দীপ জ্বেলে যাই
গাঁইয়ের গৃহ বধু
সদর দরজা আগল পড়ে
নিকষ কালো অন্ধকার
বাইরে একা ধু-ধু।।

অনিত্যের গান

প্রতিদিন কিছু অনিয়ম করে ভাঙ্গছি নিয়ম
ভাঙ্গতে ভাঙ্গতে জীবনটা প্রায় স্বপ্নময়
চাঁদের মাটিতে সামিয়ানা পেতে বিবাহ বাসর
মোহিনী মায়ায় বধূ ভেসে আসে অজ্ঞাত ঘোর
বিপন্ন যখন শৈশব দিন শীতের বেলা বল্গাবিহীন
নিয়মের ফাঁকে চায়েতে চুমুক গভীর রাতে
জানি চাঁদ তার সীমানা ছাড়িয়ে গা ঘেঁষে তফাতে
ঈশারাই বুঝি অনিয়ম করে ভাঙ্গছি নিয়ম
ভাঙ্গতে ভাঙ্গতে জীবনটা প্রায় স্বপ্নময়
মন ভোলা মন মুক্ত পুরুষ জীবন ধারণ
বৈরী ভাবে এক-একটি দিন বাঁচিয়ে রাখা
সাক্ষাতে ভ্রম অচেনা তখন গল্প শেষের চিত্র আঁকা
একা একা ভাঙ্গছি সিঁড়ি আকাশটাকে ধরবো বলে
হয়তো তুমি থাকবে বসে চাঁদ সাগরে তুফান তুলে ।।

ভাবের ঘরে চুরি

তোমার ভাবের ঘরে করতে চুরি
রোজ সকালে পায়ের বেড়ি আলগা করি
জীর্ণ বসন এক তারাতে কন্ঠ মাতাল
হাওয়ার টানে বাউল গানে চুপিসারি
তোমার ভাবের ঘরে করতে চুরি
রোজ সকালে পায়ের বেড়ি আলগা করি

যার ঘরে মন আঁটো সাঁটো
দুঃখ ভরা হাজারফটো
সেই ঘরেতেও সিঁধ কাটি রোজ
একটু খানি মুচকি হাসি ঠোঁটের ওপর
যদি মেলে রামগরুড়ের মনের খোঁজ

দিন চলে যায় দীনের ঘরে
করতে চুরি ভাবের ঘরে
রোজ সকালে পায়ের বেড়ি আলগা করি
দিনান্তে প্রেম পূর্ণ ঝুলি
সব হৃদয়ই প্রেমের বাসর

কুজ্ঝটিকার হাজার ঠুলি
তবুও আমি করতে চুরি ভাবের ঘরে
ছদ্মবেশে ভ্রমণ করি জীবন জুড়ে ।।

পরার্থ

আমার জমানো ধূলিকণা আঁচিয়ে
স্বর্ণবিন্দু গবেষণা নেহাতই মুর্খতা
বরং একটু জল ছিটিয়ে দাও
হয়ে যাক মাটি এক তাল

নিয়ে এসো একটি ফুলের শিশু
সযত্নে রোপণ কর যদি ভালবাস

কোন এক মায়াবী সকালে
ওঠে দ্যাখো আমি ফুল হয়ে গেছি
তোমার সম্মুখে আমার প্রচ্ছন্ন
নির্বাক পরার্থ হাসি

রাই জাগো বলে যদি একবার ডাকো
দেখবে অনন্তকাল ধরে আমি আছি জেগে
তোমারই প্রতীক্ষায় আমারই নিসর্গ মাঝে...।।

বেতাল ছন্দ

করোনা তুই পোড়ার মুখী
এস্ত জীবন যন্ত্রণা
আর কতকাল থাকবি খুকি
এখন কি তুই মরবি না
বেশ তো ছিল ছন্দে জীবন
ইঁদুর দৌড়ে বাঁধা
স্পর্ধা করে সিঁদ কেটেছিল
বিপর্যস্ত রাধা
নিশানা তোর শুধুই মানুষ
কোন যমের তুই ঝি
আমরা কি তোর বাড়া ভাতে
লবণ ছিটিয়েছি
হিংসুটে তুই থামিয়ে দিলি
বিশ্বায়নের চাকা
লাগছে কেমন দেখতে ভালো
খেলার মাঠটি ফাঁকা

করোনা তুই পোড়ারমুখী
মারবি কতো আর
আসছে দাওয়াই খানিক বাকী –
যাবিই পগার পার...।।

মানুষের কথা অমৃত সমান

প্রকৃতি প্রসন্ন ছিল গাবীন গরু
বৃক্ষছায়া সনাতন চতুষ্পাটী শুরু
প্রজ্ঞা এলো মানুষের প্রেম জাগরূক
সৃষ্টি অনাবৃত পরম অরূপ
মানুষে মানুষে যোগ নিবিড় বন্ধন
সেই ভালো প্রতিবেশী যিনি নির্ধন
মানুষের কথা শোন অমৃত সমান
পথে ঘাটে যা শুনেছি তাতে দাও কান।

প্রলাপ মানুষই বকে মরণকালে ভাট
চর্চা করে রমণীগণ স্থান পুকুরঘাট
প্রবেশ আর প্রস্থান ঘিরে অনিশ্চিত জ্ঞান
পঞ্চভূত সৃষ্টি করে বিশ্বলোকে প্রাণ
আহারে বিচিত্র স্বাদ মানুষের লীলা
রসনার তৃপ্ত অন্তে পরমের খেলা
মানুষের কথা শোন অমৃত সমান
পথে ঘাটে যা শুনেছি তাতে দাও কান ।।

তামস

নিশ্চিন্ত পদক্ষেপে অন্ধ মোহ রাত্রি
নক্ষত্রের বিপর্যয়ে নির্বাক
চাওয়া নেই পাওয়া নেই
নির্বিকার আলোর মুখোমুখি
মুক্তি যেন অপ্রাসঙ্গিক বন্ধনের মতো
আকাশ গঙ্গা জুড়ে নিছক খেয়া পার
রাণার চেতক যেন নিশ্চিত পদক্ষেপ
অন্ধকারে মহাশোক খুঁজে বেড়ায় ।।

প্রতিরূপ

সারা জীবনের টানা পোড়েন সম্বলিত
পান্‌ডুলিপি প্রকাশিত
অক্ষরবৃত্ত স্বর বর্ণ আর ব্যঞ্জন বর্ণ সীমিতি
অগণিত নক্ষত্রের অজ্ঞাত দ্যুতি
ধুলোধুসরিত কাব্যের জীর্ণ অবয়ব
এবার নতুন করে দ্বিতীয় সংস্করণ
আরেক জীবন মার্জিত মলাটে
উল্টে দেখা বা না দেখার নাম জীবন
অযাচিত এক ব্রহ্ম সন্ধিক্ষণ ।।

আজ আমার মন খারাপের দিন

রাশিকৃত মেঘের আভরণ
আজ আমার মন খারাপের দিন
অবিশ্রান্ত বৃষ্টির আলাপন
করোনায় বন্ধ্যা সময়
আজ আমার মন খারাপের দিন

ডানার সহিষ্ণুতা অনিবার্য বাড়িয়ে
পাখিরা নষ্ট নীড়ে নিষ্প্রাণ
মানুষের উড়ানেও প্রতিবন্ধ
সুতো কাটা ঘুড়ির মতো ঋণ
আজ আমার মন খারাপের দিন

তোমাদের পরিচয় দূরত্ব বাড়ায়
প্রিয় মুখ যদিও কাছে
ধূসর মহাকাশ স্বচ্ছন্দে জলভরা আছে
অকারণ বাঁ চোখ নাচে মুহুর্মুহু
এই বুঝি জল ঢোকে হৃদয়ে বিহ্ণ

কালযাপন বড়ই দুরূহ ভেবে
এসো কানে কানে কথা বলি
সমবেত প্রেম জাগায় বাইরে ভিতরে

অবিশ্রান্ত বৃষ্টির আলাপন
করোনায় বন্ধ্যা সময়
আজ আমার মন খারাপের দিন
এসো প্রার্থনা করি ফিরুক সুদিন ।।

সমুদ্র ও অনাদি স্রোত

একটু পরে ফোন করো প্লিজ
আমি এখন পৃথিবীর প্রথম মানব মানবীর
প্রতিক্রিয়া অনুভব করছি
স্তিমিত স্রোতের পাড়ে দুর্ধর্ষ গর্জন
তারপর ফিরে যাওয়া মূল স্রোতে
আমার চারিপাশ যেন ব্রহ্মময়
বুকে হাত চেপে বুঝি শব্দ জেগে আছে
এ এক আদিম অনাদিকালের শব্দ
শুকনো পাতার ওপর হেঁটে যাওয়া পা
যুগলবন্দী খসখস খসখস
নির্জন প্রলয়ে নিমগ্ন সংযম

এখন বল
ওপারে রাগ-অনুরাগ
ভরা শ্রাবণের নদী
নির্বাক ফুঁসছে –
দীর্ঘায়িত প্রশ্বাস ।।

মানুষের কথা অমৃত সমান -২

গরীবের কথা নাকি বাসি বড় মিষ্টি
জগৎ পুরুত ভাবেন একি অনাসৃষ্টি
পীড়িতের ধর্ম নেই প্রকৃষ্ট প্রমাণ
করোনা থাবায় দ্যাখো সকলে সমান
অর্থ করী মুগ্ধ সেবা কড়ি মুল্যভাব
যার ঘরে অর্থ নাই পরমই স্বভাব
বিচিত্র জীবনশৈলী কেউ কারো নয়
অপাত্রে করলে দান
ঘনীভূত ভয়
মানুষের কথা তাই অমৃত সমান
পথে ঘাটে যা শুনেছি তাতে দাও কান ।।

চোখ আছে দৃষ্টি ভরা অনুপম মুখ
অজ্ঞতার অন্ধকারে হৃদয় অসুখ
গালভরা হাসি দিয়ে চেতনা ওড়ায়
মুখোশ দূরত্ব বজায় থোড়াই কেয়ার

অভাবী সন্তানের মুখে তুলে দিতে অন্ন
রাস্তায় নেমেছি বাবু লেনদেনে মগ্ন
মানুষের কথা তাই অমৃত সমান
পথে ঘাটে যা শুনেছি তাতে দাও কান ।।

রামায়ণ

একটি শ্লোকের নির্যাস একান্তে
জন্ম নিয়েছিল তার মননে
যে মুহূর্তে উতসারিত হোল সেই সৃষ্টি
নির্জলা মেঘের থেকে ঝেপে এলো বৃষ্টি
এই প্রথম শ্লোক আহুতি চেয়েছিল
প্রথম পরিচয় হৃদয়ের দস্যুপণা
পার্থিব জীবনজুড়ে অকৃত্রিম আপনবোধ
পূর্ণ শ্লোক ভূমিষ্ট হোল চরাচরে
সমগ্র রূপান্তর ঘটল অনিবার্য বল্মীক আভরণে
একটি শ্লোক এক আকাশ জন্ম যন্ত্রণা
একটি শ্লোক সম্মোহিত এক পাগলপনা ।।

পদ্যান্তরে

চরিষ্ণু মন সংগোপনে তোমার কাছে যায়
তুমি তখন ব্যস্ত গৃহস্থালি
তারই মাঝে চরিষ্ণু মন একটুখানি ঠাঁই
নদীর চড়ে সেই যে শেষ দেখা
তোমার পাশে কেউ ছিলনা আমি ছিলাম একা
কবিতা আর খোলায় ভাজা শুকনো মুড়ি
ঠোঁটের মাঝে ছিল তোমার মুচকি হাসির রেখা
কথায় কথায় বয়ে ছিল খড়ি নদীর জল
সূর্যস্নাত তোমার হৃদয় স্তব্ধ কোলাহল
বলে ছিলে ভুলবে না আমার প্রিয় পঙতি
ঘর সংসার টুকিটাকি আমার দেওয়া আংটি
সহজ সত্য হৃদয় আমার তাকেই মনে রেখো
মেঘ জমলে তেলের আচার যত্নে ঢেকে রেখো

রান্না ঘরের ঘুলঘুলিতে পদ্য পড়ে শালিক
তুমিই আমার প্রাণপ্রিয়া হৃদয়পুরের মালিক ।।

কিছুক্ষণ

কিছুক্ষণ হাবভাবে হই শিশু
নাতনি আমার যেমন আদেশ করো
তোমার জন্য ফিরে পাওয়া আবেশ
ভালবেসে বারে বারে নিত্য কাঙাল করো

ফেলে দেয়া বাক্স ভাঙ্গায় অটুট ঢাল প্রাণ
সযত্নে গুছিয়ে রাখো সংসারেরই টান
কথার পীঠে যোগান দেয়া নতুন কোন কথা
এই বয়সে পাচ্ছি ফিরে অনন্য স্বাদ যথা।

হাসির ছড়া হাসির গানে গুমোট হওয়া মানা
সংগ ছেড়ে পালিয়ে যাবো সে হবে না সোনা।।

বিনি সুতোর মালা

মাটির ওপর পা দুটি সেই ভর
ঋজু তোমার আমার দিকে দৃষ্টি
হাঁটা হাঁটি পা পা দেখে বুকের ভিতর
উথাল পাতাল বৃষ্টি
এখন বুঝি বাৎসল্য শীতের মিঠে রোদ
আমায় ঘিরে স্বপ্নময় তোমার জীবন বোধ
এখন তুমি ফ্রেমের ভিতর যত্নে আছো রাখা
না জানা সেই স্বপ্ন তোমার অন্ধকারে ঢাকা
কি হবো আর কি হবো না জটিল জীবন ধাঁধা
নাই বা হলাম কোনই কিছু, আমার হওয়া
তোমার দেওয়া বিনি সুতোয় বাঁধা ।।

সমাপণী

অনেক সময় থাকা হলো
এবার তবে আসি
যাবার সময় ভুলেও যেন
বাজিয়ো না করুন তোমার বাঁশী
তোমরা আমার খেলার সঙ্গী
বড়ই প্রিয়জন
খেলার শেষে ফিরতে হবে
আপন আবাসন
যে বাজীগর আনলো আমায়
এমন সঞ্জীবনী প্রাঙ্গনে
প্রশস্ত হাত প্রতীক্ষাতে
মিলন মেলা সমাপণে ।।

www.ingramcontent.com/pod-product-compliance
Ingram Content Group UK Ltd.
Pitfield, Milton Keynes, MK11 3LW, UK
UKHW021648190726
13853UKWH00001B/132

9 789354 727368